Die Glaubenskrise des Christentums

Bibliografische Information der Deutschen Nationalbibliothek:
Die Deutsche Nationalbibliothek verzeichnet diese Publikation
in der Deutschen Nationalbibliografie; detaillierte bibliografische
Daten sind im Internet über https://portal.dnb.de/ abrufbar.

Bibliografische Information der Schweizerischen Nationalbibliothek.
Die in der Schweizerischen Nationalbibliothek verzeichneten.
Publikationen sind in dessen Nationalbibliografie erschlossen.

© 2020 Alfred Heim
Umschlaggestaltung, Herstellung und Verlag:
BoD - Books on Demand, Norderstedt

ISBN: 978-3-7494-0542-8

Die Glaubenskrise
Des Christentums

Europas
glaubensfremde
Lebenshaltung

Widmung

Dieses Büchlein sei speziell gewidmet:

- Grossmama, väterlicherseits
  Aloisia Heim- Lakatos,
  von Alvinoz Ungarn , 1873-1941

- Grossmama mütterlicherseits
  Maria Z`Berg-Kaeslin, Beckenried,
  Kanton Uri, 1880-1955

- **Vater Alfred Otto Heim**
  St. Gallen, 1897-1964

- **Mutter Maria Heim-Z`berg**
  Luzern, 1904-1995

Zum Autor

Alfred Heim hat seine Kind- t und Jugendzeit
aufeinander folgend in mehreren familiären Kreisen
oder öffentlichen Heimen verbracht.

Er kennt die Probleme derjenigen Jugend, welche vom
Schicksal nicht sehr begnadet ist, in gut geordneten,
vertrauten Familienverhältnissen aufzuwachsen.

In seiner Schulzeit interessierte er
sich sehr für Bibelgeschichten,
und Fragen der Schöpfung Gottes.
Dabei erfuhr er öfters auch ein Voraussehen
von später eingetretenen Geschehnissen.

Selbstständig geworden, absolvierte er ein
4-jähriges Ingenieurstudium, und anschliessend
Höhere Mathematik an der Volkshochschule.
Neben seiner Ingenieurtätigkeit unterrichtete er am
Abend-Technikum in den Fächern Hebezeug-Technik
und Mathematik.

In späteren Jahren widmete er sich in seinem
Wohnbezirk, als Schweizerischer Schwimm-Instruktor,
mit Schwimmkurstätigkeiten für Jung und Alt, und
gründete zwei erfolgreiche Schwimmclubs.

Er war Vater einer siebenköpfigen Familie.
In seinem Pensionsalter ist es sein Anliegen, als Autor,
das Verständnis zu fördern gegenüber gesellschaftlich
und finanziell benachteiligen
Mitmenschen, speziell der Jugend.

Dazu beschäftigt er sich auch über die für
unsere Gesellschaft so wichtigen Fragen des
„Woher und Wohin",
sowie den tieferen Sinn unseres Lebens.

Mit diesen Fragen, und den damit zusammen
hängenden, von der Kirche autokratisch gefordertem
Glauben zu dessen Bibeltext –Auslegungen,
dem Studien der Entwicklung des Christlichen
Glaubens, erlebt er die heute laufend zunehmende
Glaubenskrise des Christentums

_____

Die Glaubenskrise des Christentums

Inhaltsverzeichnis

Vorwort:

Seit den letzten Jahrzehnten, nach Ende des Zweiten Weltkrieges, sich damals schon abzeichnende,

Glaubenskrise im Christentum, entwickelte sich laufend weiter

und macht je länger je mehr
einem vorwiegend materiell-
finanziell und weltlichen Denken
und Politisieren Platz. Moralisch
edle wertvolle Einflüsse werden
verdrängt, sind nicht mehr „in".

Echt christliches Denken und
Handeln Ist nicht modern, nicht
gesucht.

Warum ist das so, welches sind
die Triebfedern dieser
Entwicklung? Gibt es ein
Heilmittel dagegen?

Heimsuchungen in der
Menschheit bringen die
Menschen off zu gegenseitigen

Hilfeleistungen, Solidarität und nicht nur eigennützigem Handeln.

Durch die Corona-Krise wurde uns wieder einmal bewusst dass die Menschheit Zeit ihres Bestehens stets von nicht voraussehbaren Katastrophen heimgesucht werden kann.

Trotz immensen in Natur-wissenschaft und Technik erreichtenFortschritten wird der Mensch in Abhängigkeiten von Naturmächte stehen.

Diese wirken nach von Gott gegebenen Gesetzen,

wie für die Entstehung der ganzen irdischen Welt, des unendlichen Weltalls und unserer Erde.

Als auch durch Gott ins Leben gerufen stehen wir weder in Aufgabe noch in Pflicht, oder gegebener Fähigkeit, bestimmenden Einfluss in Gottes Schöpfung zu nehmen.

Es wäre ebenso unsinnig, wie wenn Pinocchio seinem Meister, der ihn in Holz schnitzte, Verhaltens-Vorschriften machen könnte, dies mit der Begründung, es hätte keinen „Geburtshelfer" für ihn gegeben; er sei aus purem Zufall als Pinocchio in sein Dasein gekommen. Aber eine derartige oder ähnliche Ansicht ist bei vielen so genannten Christen fest zustellen.

Erscheinungsbild solcher Ansichten; wie seht diese Krise aus, wie offenbart sie sich?

Darüber sich einmal zuerst

ein Bild zu machen wird notwendig, um zu erkennen
womit und wie wir dieser
Glaubenskrise wirksam
entgegnen können. Wir haben
wohl eine statistische
Information über Anzahl und
Zunahme von Austritten aus
der konventionalen Kirche.

Im Jahre 2019 gab es in der
Schweiz 47853 Kirchen-
Austritte. Diese nehmen von
Jahr zu Jahr zu. Es existieren
auch Statistiken über
vielzählige Angaben von

Austrittsgründen. Solche
Statistiken helfen uns jedoch
nicht die grundlegenden
Ursachen der Abkehr von der
konventionellen Kirche zu
erfassen und ohne tief geistige
Hilfe voll zu verstehen. Erste
Hinweise dazu kann der
Einzelne innerhalb dem ihm
bekannten Familien- und
Freundschafts- Kreisen finden,
wenn er zuhören kann, wie
religiöse Bibelinhalte beurteilt
und akzeptiert werden.

Jeder kann seinen Freunden auch eine kleine eigens geschriebene Geschichte betten, die zwischen den Zeilen implizit grundlegend christliche Wahrheiten enthält.

So habe ich zum Beispiel meinen 91ten Geburtstag benutzt, um ihnen allen als Geburtstags-Gruss eine solche Geschichte zu senden. Dazu half mir, auf mein Alter bezogen, der für mich passende Geschichtstitel „Alter". Ein solcher Titel kann

sowohl zu seinem
persönlichen Lebensalter, wie
auch dem Alter zum Beispiel
der Menschheit sinnvolle
Gedanken wecken. Die darauf
folgenden Reaktionen der
Angesprochenen zeigen Dir ob
ihnen der Sinn dieser
Geschichte etwas sagt,
interessiert es sie überhaupt,
oder wird es zum Vergessen,
vielleicht sogar ungelesen
einfach irgendwo abgelegt.
Es verschafft Dir einen
untrüglichen überblick über
ihre Haltung zu den in dieser

Geschichte aufgezeigten Themen.

Einleitung

Damit alle zu diesem Thema angesprochenen Personen, seiner Familie, Freunden, gut Bekannte, teils aus engerem Kontakt-Umfeld, auf dieselben Aspekte antworten, wurde Ihnen derselbe untenstehende Brieftext abgegeben.

Als 93-jähriger benenne ich dien Brief,

mit dem Titel „Aller",

geschrieben im Mai 2020.

So vernehmt hier den,
meinem Bekanntheitskreis
abgegebene Brief.

Im Anschluss folgen Antworten,
Reaktionen und Bilder des Verhaltens
der Angesprochenen, und ihrer
allgemeinen Lebens-Vorstellungen,
sowie die Geistige Entwicklung
unserer heutigen Gesellschaft.

Brief „Alter"

Zum Anlass meines 93-ten
Geburtstages möchte ich Euch
mit etwas dazu passenden

Gedanken zum Thema Alter begrüssen.

Manche Zeiten sind an uns vorüber gegangen.

Je nach Alter und momentanen Kontakt-Möglichkeiten zu Familien- und Freundes-Kreisen waren sie geprägt von stets neuen Lebenssituationen, Vom „Nuggi" zum Kindergarten, dann durch die Schuljahre, dem Klimakterium der Pubertät, dem beruflichen Einstieg, und Zeiten zu neuen Lebensgemeinschaften, sowie teils verliebt, verlobt, verheiratet. Oft wechselt das

Leben im „Auf und Ab", Glück-
bringendes oder Sorgenvolles,
Neugeborenes oder Abschied.

Mit fortschreitendem Alter fragt
sich der Eine oder Andere über
das „Woher und Wohin".
Dies nicht nur über sein eigenes
Dasein, sondern auch der sich
laufend ändernden Gesellschafts-
Strukturen im Heimatland und
den vielen Völkerstaaten.
Dabei findet sich bereits,
bewusst oder unbewusst, die
Frage:

„Warum gibt es eine
Menschheit?"

Und darum möchte ich gerade diese Frage zu einem Thema des heutigen Geburtstages, zu einer entsprechend möglichen Gedankenanregung nutzen.
Wir wissen, dass hierzu verschiedenste Vorstellungen und Antwortbestrebungen bestehen.
Da gibt es Kreise, welche eine solche Frage verdrängen, lieber ihr momentanes Leben so gut als möglich, unbekümmert und ungestört geniessen.
Andere wiederum verschanzen sich hinter ein Verschieben einer möglichen Antwort, mit dem Argument, es sei nach diesem

Leben immer noch früh genug dies zu erfahren: oder sie glauben, nach ihrem Sterben sei für sie alles, aber auch alles vorbei und beendet.

Wie viele beschäftigen sich schon mit dieser Frage?

Welche, die sich als Mitglied des Christentums bekennen, sich nach biblischen Aussagen und Anregungen bemühen, den Glauben an Gott, Christus und einer himmlischen Welt in sich tragen; wissend, dass die Bibel hierzu in 400 Texten von Engeln zeugt , den Erzengeln, Cherubine, Seraphine, den „Sieben Söhnen Gottes", höheren himmlischen Mächten, in 600 Fällen den Geist oder „Heiligen Geist", und von den durch Gott, vor den Zeiten Christi, als Künder, Propheten in unsere irdische Welt gesandt wurden.

Alle diese Beispiele weisen uns auf die Vielfalt verschiedenster Haltungen, und Meinungen bei gleichzeitig bestehender Bibel.

Es wird kaum falsch sein, dass diese Frage für uns, als winzige, kurzlebige Lebensflämmchen innerhalb den bereits verflossenen 240`000 bis 230`000 Jahren bestehender Menschheits- geschichte, der Völkerscharen, vergangener, heutiger und auch noch zukünftiger Zeiten, kein leichtes Unterfangen, eher ein sehr heikles Thema ist.

Helfen kann uns ein Bezug, dass die bedeutenden Kulturen unserer Weltgeschichte sich stets zu einer spirituellen Allmacht bekennen.

Deshalb komme ich nicht darum herum, dazu etwas weiter auszuholen.

Für uns Christen, die wir Gott als den universellen Schöpfer von Himmel und Erde, sowie allen Lebens, mit seiner gnaden-vollsten, vollkommensten Weisheit verehren, bietet uns an, uns mit der anfangs gestellten Frage auf sein göttliches Wirken zu beschäftigen.

Auf Grund der biblischen Botschaften sind alle Engel des Himmels vollkommen reine, nur nach göttlichen Gesetzen wirkende.

Für einen wirklich gläubigen Menschen ist es undenkbar anzunehmen, dass unser vollkommener Gott-Vater gleichzeitig, parallel zu den himmlischen Weiten, willentlich selbst noch eine sündige Menschheit erschaffen haben soll.

Bitte nehmt e s mir nicht übel wenn ich dazu die seit Kein und Abel, laufend, bis heute geführten Kriege, grausamen Verbrechen gegen die Menschlichkeit, Lug und Trug erwähnen muss.

Hier muss doch etwas von Gott ungewolltes, nicht zu erhoffendes geschehen sein.

Dazu lehrt uns die Bibel,, dass Gott die durch ihn ins Leben gerufenen hach „seinem Bilde" , das heisst, mit einem „Freien Willen" schuf, und ihnen dazu vorgegeben hat, stets nur nach diesen von ihm geschaffenen göttlichen Gesetzen zu leben, zu wirken und zu handeln.

Auch schildert uns die Schrift dass diese göttlichen Gesetze dann doch auf einmal, damals ungehemmt über unermessliche Zeiten, auf das Schlimmste verletzt wurden.

Der dazu Hauptverantwortliche „Hohe Geist" des Himmels, und

sein grosser Anhang war während unendlichen Abläufen nicht zu bewegen, sich zu bessern, und einsichtig umzukehren, und Gott hatte sie deshalb in die hierfür speziell angepasste eigene teuflische Sphäre „Hölle" verbannt.

Darüber berichtet uns die Bibel unmissverständlich, speziell in den sechs Büchern:

Hiob, Psalmen, Jesaja, Hesekiel, Matthäus und Lukas.

Die gottestreu gebliebenen des Himmels erlebten dabei grösste Trauer. Die Gefallenen lebten nun, verloren ihrer göttlich-himmlischen Fähigkeiten, in den ihnen zugewiesenen höllisch-qualvollen Sphären.

Tiefste Reue kam bei einigen auf.

Gott und Christus erbarmten sich ihrer, und erörterten eine Sühne- und Rückkehr-Möglichkeit zu Gott.

Zeiten später erreichte eine hoffnungsvolle Botschaft einer kommenden Erlösung die Gefallenen aus dieser Verbannung.

Nun meine lieben Freunde, durch Gott und Christus wurde eine

Wiedergutmachungslösung geprüft. Das Kommen eines Messias wurde verkündet.

Für die Versöhnung mit anschliessend, wohl sehr, sehr langen, notwendigen Rückkehr-schulung wurde unsere irdische Ebene, Erde geschaffen, eine, die je nach Verschuldungsgrad individuell angepasst, über mehrere, teils beschwerliche Lernstufen (als Menschenleben, sprich Wiedergeburten) die Rückkehr zu Gott ermöglichen.

Damit wäre die anfangs aufgekommene Frage gelöst.

Es verbleibt uns somit lediglich
der notwendige Wille, Einsatz
und Anstrengung, sich stets um
ein göttlich geführtes Leben zu
bemühen, und dies trotz
gelegentlichem Straucheln, stets
immer wieder neu zu üben.

Wir haben Zeit, Gott gibt uns Zeit.

Mit der vorhandenen Ewigkeit

hat Gott deshalb genug davon.

Das sind Weg, und Ziel,

um zurück zu Gott zu finden.

Mit diesem Wissen starte ich

gerne ins nun begonnene neue

Lebensjahr, und wünsche Euch in

diesem Sinne auch alles Gute.

Euer, auch stets lernende Freund,

Alfred Heim.

Erläuterungen

Hinter den Zeilen des Briefes, (implizit vorhanden) stehen grundlegend wichtige Glaubens - und Erkenntnis-Inhalte,

wie zum Beispiel:

– Geistige Welt (Himmel);
-- Unsterblichkeit der Seele;
-- Mehrere Wiedergeburten des Menschen;

-- Vergebung der Sünde des Abfalles von Gott .;

-- Wiedergutmachung durch nach göttlichen
   Gesetzen bestandenen Menschenleben.
Dieser hier gegebene Brief „Alter" zeigt
eindeutig wie wichtige Glaubensinhalte der
ursprünglichen „Heiligen Urschriften" von der
konventionellen Kirche entweder nicht offenbart
oder falsch interpretiert, ausgelegt werden.

Auf die zirka 30, wie in der Einleitung aufgeführt,
verteilten Briefexemplaren „Alter" sind nur 16
verdankt, in nur drei Fällen eingegangen worden.
Die unten aufgezeigten Einstellungshaltungen
hier Angesprochener verdeutlicht
unmissverständlich die allgemeine
Glaubenskrise im Christentum.

Das Gesamtbild der Reaktionen der Angesprochenen

Die Reaktionen der Angesprochenen, zusammen mit den bisherigen Kontakten und Erlebnissen mit ihnen, ermöglichen es ein Gesamtbild über ihre Glaubenshaltungen und deren verschiedensten Lebens- einstellungen zu erhalten.

Die damit erkennbaren Informationen sind hier als Beispiel wiedergegeben.

In diesen hier folgenden 13 Fällen, kann ich mit Bezug auf meine diesbezüglichen Erlebnisse,

unter der Beschreibung
„vorwiegende Lebenshaltung"
folgende Arten derselben anführen.

■ *Fälle- 1-3) : Rüti*
Gläubige, den Konfessionen treu
ergebene Mitglieder. Sie stellen
selten Fragen an die Kirche oder
dessen religiösen Predigern, denn
dies ist die Zuständigkeit der von der
Kirche geweihten Priester.
Eine christliche Lebenshaltung nach
den Geboten der Bibel wird nicht so
ernst genommen, gestattet vielen von
ihnen mancherlei Eigeninteressen zu
erfüllen, viele moralisch unhaltbare
Denk- und Handlungsweisen.
Man richtet sich wohl nach den
gültigen weltlichen Gesetzen,
oft dagegen nach der Devise
„Man darf sich
nicht erwischen lassen".

■ *Fälle 4-6): Region*

Es sind liebe Freunde die wohl an Gott glauben (das ist so allgemein üblich), denn es muss wohl eine generelle Allmacht geben, der alle Schöpfungen erbrachte. Sie machen sich keine weiteren Gedanken darüber, denn für sie ist dieser Gott weder greif- noch sichtbar, und in der *Gesellschaft wollen sie nicht als Ungläubige gestempelt sein.*

Vorwiegende Lebenshaltungen:

■ *In den Fällen 1-3 und 4-6 handelt es sich nicht um streng gläubige Kirchenmitglieder, die sich ernsthaft um christliche Lebenshaltungen bemühen.*

Wir können sie
„Laue Christen" nennen.

■ Fall 7): *Alexa*
Schon in jugendlichen Jahren wird
Alexa in familiären Problem
verschiedenster Art schwer
geprüft; führt zeitweise allein die
Familie.
Sie betet zu Gott mit der Frage:

➤ *Vater, wann darf ich endlich zu*
Dir kommen!? <

Nachdem Sie eines meiner Bücher las
wandte sie sich an mich, hoffend ihr in
ihrer seelischen Not helfen zu können.

Daraus entstand ein reger Briefwechsel,
der Alexa half Ihre moralischen Tiefen und
Depressionen zu verarbeiten.

Dazu entschlossen wir uns dies mittels
laufendem Briefwechselmit einem

Büchlein zu beschreiben; nur für Alexa und
Familie, ohne Veröffentlichung desselben.
Sein Titel :

„Der steinige Weg aus dem
Inferno"/"Alexa, ein opferbereites Leben".

Vorwiegende Lebenshaltung:

- Im Fall 7 sehen wir eine sehr junge, in prekären Familienverhältnissen lebende, oft mit Depressionen geplagte Frau.

Sie hofft auf Gottes Hilfe, und
 dem Schreiben eines via Internet
diskreten, nicht zu veröffentlichen
Büchleins, gemeinsam mit einem
verständnisvollen gläubigen Autor.
Und so findet sie sich besser in ihrem
Leben zurecht.

■ **Fall 8):** *Fanny*

Heiratet einen Mann aus einer Sektenfamilie. Dort verschreibt sie sich völlig dieser Sekte.

Deren Hauptmerkmale sind durch dogmatische Falschauslegungen von Bibeltexten entstandene Irrlehren, wie zum Beispiel:

Den Bibeltext

>Du sollst die Toten nicht befragen<

legen sie so aus, dass du Verstorbene nicht befragen sollst. Dabei verstehen sie den Begriff „die Toten" als die aus der Erde Verstorbenen.

Aber mit diesem Begriff nennt die Bibel die „Geistig Toten", das heisst, die in der Hölle verbannten, noch von Gott abgefallenen.

Mit der Falsch-Auslegung verurteilen sie jeglichen Kontakt mit gottestreuen Wesen des Himmels, z.B. den Engeln, die von Christus angekündigten „Geister der Wahrheit", entsprechend den himmlischen Botschaften, wie sie die Urchristen zu Zeiten des frühen Christentums medial erhalten konnten.

Nach Beurteilung dieser Sekte werden deshalb Menschen welche heute, in der von Christus versprochenen Weise, wieder solche „Geister der Wahrheit" empfangen, und sich

entsprechend dieser Belehrungen darnach um echt christliche Lebenshaltungen bemühen, oder andere die von solchen Sekten als Nichtchristen gestempelte, nach ihrem

Sterben von Gott ins Feuer geworfen und auf ewig vernichtet würden.

Zu solchen zur ewigen Vernichtung bezeichneten gehörten auch ihre Eltern und teils Geschwister.

Da aber diese den hartnäckigen, gar fanatischen Bemühungen von Fanny, dieser Sekte beizutreten nicht folgten, war der Familienfriede zu oft erheblich in Mitleidenschaft gezogen worden.

-Vorwiegende Lebenshaltung:

■ *Fall 8 schildert eine*

Sektirisch wirkende Frau, bedrängt z.B. Familienmitglieder ihrer Sekte bei zu treten. Damit bringt sie viel

Unfriede in ihre Familie, ganz speziell zwischen ihren Eltern.

■ **Fall 9): Geschwister**
   Eveline und Nadia

Gespräche über religiöse Fragen in der Familie, wie unter dem Abschnitt „Fanny" aufgeführt, und den so vielseitigen verschiedenen Bibelauslegungen in Konfession, kirchlichen Abspaltungen und Sekten bewirken, dass sich die Geschwister Eveline und Nadia aus jeder Möglichkeit von Beteiligung zu religiösen Themen konsequent distanzieren.

Ich denke grundsätzlich glauben sie schon an Gott, sicher bei Nadia, aber weiter sonst nichts.

*   - Vorwiegende Lebenshaltung:*

■ *Fall 9: Die in den so viel-*
zählig religiösen Vereinigungen, zum
Teil extrem verschiedenen Bibelaus-
legungen bewirken, dass sich Evelin
und Nadia In keiner Weise für
entsprechende Kontakte zu Glaubens-
fragen und Religionen interessieren
und konsequent zurückhalten.

■ *Fall 10): Gabi*
Als konfirmierte besuchte sie die
medial, aus der „Geistigen Welt"
erhaltenen Vorträge der „Geist-
christlichen Gesellschaft Zürich",

zur Pflege und Förderung der
christlichen Geisteslehre, der Lehre
Christi, wie sie im Ursprung war.

Diese umfassen Belehrungen zur christlichen Lebenshaltung, Schilderungen über die „Geistige Welt" (jenseitige Himmelswelt), Ursache der Schaffung der Menschheit.

Zum Verständnis für die zuhörenden Freunde ist es oft notwendig, dass die vorgetragenen Themen wiederholend in verschiedener Veranschaulichung und Beispielen gegeben werden.

Dabei waren einerseits Freunde die sich nicht speziell nach belehrende Themen interessierten, sondern eher stets immer wieder neues aus der „Geistigen Welt" zu hören.

Das Hauptanliegen der „Geistigen Welt" ist dies aber nicht.

- Vorwiegende Lebenshaltung:

■ *Fall 10): Gabi*

*Mit der Begründung vom „Gabi",
man höre ja immer nur dasselbe
verabschiedete sie sich nach einiger
Zeit aus diesem Freundeskreis. So
liegen seit dann ihre Interessen auf
dem Gebiete der Esoterik, unter
anderem mit „Pendeln / Kartenlesen
/Wahrsagen / Kurse zu Medien-
Ausbildung für Kontaktaufnahmen zu
Verstorbenen usw.*

*Das aber sind nicht die Wege zur
Wahrheit, wie sie Christus als
„Geister der Wahrheit" zu senden
versprochen hat.*

■ *Fall 11) : Peter*
Dieser Freund macht sich oft
Gedanken über Zusammenhänge von
beruflichen Erfolgen und seinen ihm
vorgegebenen intellektuellen
Fähigkeiten. Er findet schwierig ein
Verstehen einer Allmacht Gottes,
einer geistgien Welt und der
Wiedergeburt. Mit der Kirche setzt er
sich über viele ihn bewegende Fragen
nicht auseinander. Er erhofft sich dort
kaum schlüssig, logisch verständliche
Antworten zu bekommen.

- Vorwiegende Lebenshaltung

Er tritt aber deshalb nicht aus der
Kirche aus. Seine Frau würde dabei
nicht austreten wollen

Fall 11 Er tritt deshalb nicht, aus.

Er hat dazu keinen anderen Anlass.

■ *Fall 12): Emmi*

Eine Familie, Mutter, Vater und zwei Söhnen schliessen sich nach Pensionierung der Eltern, einer christlichen Gemeinschaft an. Diese wurde von einem geistig gesegneten, sehr frommen Mann gegründet und verwaltet.

Die Mitglieder dieser Gemeinschaft teilen sich die notwendigen Aufwendungen für Pflege und Unterhalt dieser Siedlung. Unter der Führung der Siedlungsverwaltung pflegen sie regelmässige Gebets- und Andacht-Stunden, geführt und belehrend geleitet, durch den mit wertvollen geistigen Erkenntnissen über „Geistige Welt", Christus und dem Weiterleben nach dem Tode, gesegneten Verwalter und Betreuer. Sie wohnen dort mit andern diesbezüglich interessiert, vorwiegend Pensionierten zusammen, teilen die notwendigen Haus- und Unterhaltsarbeiten und pflegen dort belehrende Zusammenkünfte und regelmässigen Gottesdienste.

- *Vorwiegende Lebenshaltung:*

Fall 12: Die se Familie ist sehr gottesgläubig. Sie vermissen jedoch wichtige in früheren Urschriften noch vorhandene Wahrheits-Informationen. Vom Gründer einer selbständigen christlichen Gemeinschaft wurde sie darüber eingehend orientiert.

■ *Fall 13): Sam*
Ein weit Verwandter, Musik begnadeter und Schriftsteller teilt mit mir die Sorgen um den durch

heuchlerische Forderung für Solidarität werbenden Kreisen und dem laufenden Abbau von wahrem Gottesglauben. Die angeführten erlebten Beispiele des Abkehrtrends echten Glaubens im Christentum sind bedenkliche Zeichen eines laufenden Verlustes im Gottesglauben.

- *Vorwiegende Lebenshaltung:*

Unser Freund vermisst, dass in solchen Fällen von Heimsuchungen der Menschheit, wie jetzt gerade mit der Corona-Krise, vorwiegend nur die dadurch anstehenden finanziellen und materiellen Nachteile beklagt und bekämpft werden. Der in der momentanen grossen Glaubenskrise kaum mehr vorhandene Gottesglaube macht die Menschheit blind für die

Zusammenhänge zur bestehenden
Glaubenskriese-.

<u>Résumé</u>

Der mit dem eingangs angeführten
Brief „Alter" zeigt, dass
in den Zeiten des frühen Christentums
infolge eigenmächtiger Änderungen
oder Streichungen in den „Heiligen
Urschriften" des christlichen
Glaubens wichtigste Teile der von
Gott gegebenen Wahrheits- und
Wissensinhalten fehlen.
Es sind nicht nur die mit diesem Brief
erkannten fehlend schildernden
Orientierungen. Es sind deren enorm
viele in der heute vorliegenden Bibel
(Siehe dazu die ausführlichen
Hinweisen in meinem Buch

"Willst Du die Wahrheit,

und nichts als die Wahrheit wissen?".

Auf Grund solch gestrichener Bibelinhalte fehlen dem christlichen Kirchenmitglied echte Erkenntnisse über die Ursachen des Bestehens der Menschheit und dem

„Woher und Wohin".

Hier interessiert auch wie umfangreich, und aus welchen weiteren Gründen sich die Glaubenskrise heute ausgeweitet hat. Mit Hilfe von Antworten auf meine Zusendung des Briefes „Alter" und weiteren Kontakten zu Freundeskreisen ist mir eine grobe Schätzung dazu möglich.

Unter den oben genannten 13 Beispielen kann ich Gläubige und Ungläubige wie folgt unterscheiden.

- Echt Gläubige in den drei Fällen 7, **12 , 13;**.
- Ungläubige, inklusiv die „Lauen Christen" in den Fällen **1 bis 6** und 8 bis 11.

Innerhalb meines gut bekannten Freundeskreises von 13 Beispielen könnte man

23 % zu den Gläubigen

und

77 % zu den Ungläubigen zählen,

Das erschreckt, offenbart aber den kleinen Anteil von Mitmenschen die echt an Gott und Christus glauben und sich auch Mühe geben nach deren Vorgaben zu Denken und zu Handeln.

Das Testresultat über den mir eigens gut bekannten Familien- und Freundeskreis kann selbstverständlich nicht verallgemeinert werden. Es kann sicher auch Bekanntenkreise, in ungefähr gleichem Umfange geben, in denen sich in analogem Sinn und Weise erkannt, entweder gegen

100 %, oder aber gegen 0 % Gläubige finden.

Innerhalb meinen schon über 90 Jahren erlebten Zeiten, Landesregionen und

Bekanntenkreisen dürfte sich in unserer Schweiz der prozentuale Anteil von, wie oben als „Ungläubige" beschrieben, zwischen 60 bis 80 % liegen.

Bei den seit Jahrzehnten bis heute stets laufend wachsend hohen Kirchenaustritten sind solche Erkenntnisse über alarmierende Prozentdaten allein nicht fördernd, nicht hilfreich, wieder zurück hin zu echtem Gottesglauben zu kommen.

Die mögliche Rettung aus der Glaubenskrise.

Was aber dazu notwendig wäre sind wahre Kenntnisse über wichtigste

*Ursache und Glaubensinhalte, wie
zum Beispiel:*

- *Ursache und Ziel des
  menschlichen Lebens,
  „Sein Woher und Wohin".*
- *Warum gibt es eine
  Menschheit?*
- Vergebung der Sünde des
  Abfalles von Gott.
- Mehrmalige Wiedergeburt
  des Menschen.
- Wiedergutmachung durch
  nach göttlichen Gesetzen
  bestandenen Menschenleben.
- Geistige Welt (Himmel); --
  Unsterblichkeit der Seele

<u>*Gerade dieses Wissen nebst noch
mancher ergänzender Erkenntnis*</u>

<u>*fehlt dem Menschen,*</u>

<u>*speziell dem Ungläubigen.*</u>

Warum ist das so?

Dies hier erklären zu
können, dazu muss auf die
Anfänge der Kirchen-
Geschichte ausführlicher
eingegangen werden.

Die Kirchengeschichte dokumentiert,
dass sich aus der Gruppe der Apostel
von Christus eine christliche
Gemeinschaft bildete, geführt anfangs
von medialen ehemaligen Aposteln
Christi. Sie trafen sich regelmässig
zum Genet.

Verschiedener Orts bildeten sich
weitere christliche Gemeinschaften.

Wie von Christus vor seiner Himmelfahrt zum Vater den Menschen versprochen, er werde ihnen den

„Geist der Wahrheit senden“, empfingen die medial befähigten der Gemeinschaft durch Gott und Christus dazu beauftragten

„Geister der Wahrheit“

(Engel des Himmels) laufend göttliche Belehrungen, Orientierungen, Schilderungen über die Himmelswelt und den von Gott und Christus erarbeiteten Heils- und Erlösungsplan, bekannt unter dem Begriff „Pfingstgeschehen“.

Alle so empfangenen Botschaften wurden von diesen ersten Christen in

den so genannten Urschriften
(„Heiligen Schriften")

aufgezeichnet festgehalten.

Weltlich regierende Obrigkeiten
schlossen sich solchen Christen-
Gemeinschaften an, und erhoben sich,
weil selbst nicht medial befähigt, zu
eigens bestimmend leitenden
Bischöfen des Christentums. Viele der
bisher medial erhaltenen Botschaften
durch den „Geist der Wahrheit"
waren ihnen nicht genehm, speziell
Mahnungen gegen uneigennütziges
Denken und Handeln. Sie verboten
dabei jegliche medialen, Kontakte
zur Geisterwelt Gottes.

Solche Verbote nicht befolgende
Apostel wurden verfolgt,

zum Teil umgebracht.

Mit Abschriften und eigennützen Textänderungen der ursprünglichen „Heiligen Schriften" sind wichtigste Offenbarungen sinngebend verunstaltet, oder verloren gegangen. Das Resultat ist unsere heutige Bibel. Dadurch fehlende oder falsch interpretierte Offenbarungen sind viele Lücken zum Verständnis des tiefen Sinnes und Begründungen des menschlichen Lebens entstanden.

Sie verhindern einen „echten, lebendigen Glauben", und eine geistige Geborgenheit. Die konventionelle Kirche wird zunehmend unglaubhaft.

Es gibt immer mehr Kirchenaustritte. Es entstehen viele neue von der konventionellen Kirche unabhängige religiöse Gemeinschaften und Sekten.

Aber alle bieten verschiedenste Bibelauslegungen an.

Das zur Frage:

<u>*Warum ist das so?*</u>

Die nächste Frage

lautet deshalb:

<u>*Wie finde ich die* </u> *einzig wahre,*

nicht fälschbare <u>*Quelle*</u> *zu*

den oben genannten <u>*Botschaften.*</u>

Dazu kennen Sie die Worte Christi, die er zu seinen Jüngern vor seinem Heimgang zu Gott-Vater (Christi Himmelfahrt), gesprochen hat:

>*Ich werde Euch den*

Geist der Wahrheit senden. <

Solche Christi Versprechen sind zeitlich unvergänglich, unabhängig ob zu Zeiten der Urchristen erlebt, in späteren Jahrhunderten oder in zukünftigen Jahrtausenden erfüllt sein werden!

In den vergangenen zirka 1700 Jahren seit den ersten Urchristen wurden Kontakte der Christen durch die Kirche verhindert, betroffene Christen verfolgt und getötet. Wir kennen diese kirchlichen Schau-Prozesse mit zum Feuertode verurteilten „Christen".

Seit dem wissenschaftlichen Aufblühen in Technik und industriellen Entwicklungen hat die christliche Kirche diese geistige Macht über Denken und Glauben des

Menschen zum grössten Teil verloren. Damit kann der hierzu im Denken frei gewordene Mensch sich wieder unbehelligt dem göttlichen Geist der Wahrheiten zuwenden, Botschaften, Belehrungen und Erklärungen über die Himmelswelt erhalten.

Hauptsächlich in den jetzt vergangenen zwei Jahrhunderten sind darüber in der Literatur wertvolle informierende Werke geschaffen worden.

Und seit 1948 gibt es eine christlich-spirituelle Gemeinschaft von Freunden, welche über die Hilfe der göttlich geistigen Welt („Geist der Wahrheit") über 2000 mediale Vorträge besitzt, die auf technisch modernsten Datenträgern nicht fälschbar, und vor möglichen Fremdeingriffen gesichert aufbewahrt und verwaltet werden.

Diese Vorträge werden regelnässig, für echt interessierte im eigenen Hörsaal wiedergegeben. Die Gemeinschaft gibt laufend eine Zeitschrift, solche Vorträge enthaltend, heraus und kann abonniert werden. Auch hat der Abonnent die Möglichkeit deren Vortragswiedergaben in ihrem Saal besuche zu können.

Adresse und Orientierungen der Gemeinschaft siehe im Internet unter „Pro Beatrice".

So findet der Mensch wieder, wie einst bei den Urchristen, die über

„Den Geist der Wahrheit"

(gemäss dem Versprechen von Christus) die Botschaftsquelle, Belehrungen und Orientierungen über Gott, Christus, jenseitiger Himmelswelt, Sinn und Aufgabe des menschlichen Lebens, sein „Woher und Wohin".   Damit steht dem Menschen der wahre Weg zu Gott wieder offen, mit der Möglichkeit eines

„Lebendigen christlichen Glaubens";

die Glaubenskrise

gebrochen.

""""""""""""""""""""

Vom Autor herausgegebene Bücher:

Durch Christus näher mein Gott zu Dir.

Unser von Gott gesalbter König. **ISBN** 978-3-7460-7043-8

Menschheit zwischen "Zwei Welten"

Erkenntnisse über Gut und Böse **ISBN** 978-3-7357-0622-5

Ohne Tränen hätte die Seele keinen Regenbogen **ISBN** 978-3-8334-8681-4

Luc, ein Leben in Helvetiens Landen

Willst Du die Wahrheit, und nichts als die Wahrheit wissen **ISBN** 978-3-8334-8318-9

„Prüftet alles und behaltet das Gute!"

Nicht das Geld regiert die Welt

Geld ist nur ein Tauschmittel! ISBN 978-3-7460-2102-7

Zeitnotizen ISBN 978-3-7494-0434-6

Nachschlagewerk über Verhaltens-Probleme unserer Gesellschaft.